Avviso importante:

Nel contesto di questo libro, è importante precisare che l'opera è strettamente di natura fantastica. Ogni nome, luogo, citazione e situazione sono frutto dell'immaginazione dell'autore. L'autore ha preso ispirazione da alcuni fatti reali accadutigli, trasportandoli nel libro fuori dal loro contesto originale e arricchendoli con elementi di fantasia.

Se voi o qualcuno/a di vostra conoscenza si dovesse trovare in pericolo o avesse bisogno di supporto, gli operatori e le operatrici del Centro Antiviolenza sono pronti ad ascoltarvi.

Chiama il numero **1522**

"Non lasciare che il dolore viva per te; vivi ogni emozione e trova la tua luce nell'oscurità."

Joy (Gioisci)
Overcome (Supera)
Understand (Comprendi)
Rise (Rialzati)
Nurture (Nutri)
Embrace (Abbraccia)
Yearn (Desidera)

PRECEDENTEMENTE

Il primo libro, "L'infinito in un minuto", accompagna nel dolore della perdita, quel momento della vita che sembra dilatarsi all'infinito, come se un singolo istante potesse contenere l'eternità del lutto.

La morte di Kora lascia un vuoto incolmabile, un abisso che risuona con l'eco del dolore e della mancanza. Quel minuto, in cui tutto cambia, si trasforma in un'eternità di riflessioni, ricordi e lacrime.
La perdita di Kora diventa un punto di svolta, un momento cruciale che incide profondamente nella vita di chi resta. Il lutto è un processo complesso, un cammino che ognuno percorre in modo unico, trovando il proprio modo di affrontare la perdita, di convivere con il dolore e di cercare, nel tempo, una nuova normalità.

Questo libro esplora la dimensione della perdita, del dolore che ne consegue, e del lungo cammino verso la guarigione. Nel secondo libro, "Il Canto del Silenzio" vengono esplorate le profondità della solitudine di Marco. La perdita della sorella lo getta in un mare di isolamento e desolazione, dove ogni suono sembra essere assorbito dal silenzio assordante del vuoto.

La sua vita, una volta intrecciata con quella di Kora, si spezza, lasciandolo a navigare senza una bussola, senza un punto di riferimento. In sua madre Marta, non vede altro che un contrasto, un riflesso di dolore che amplifica il suo senso di smarrimento. La casa, che un tempo era un rifugio sicuro, ora è diventata una prigione di ricordi dolorosi e di assenza. Marco si sente perso, abbandonato in un deserto di emozioni, cercando di trovare un nuovo senso alla sua vita. La solitudine diventa un compagno costante, un'ombra che segue ogni passo, ogni pensiero. Questo libro affronta la tematica dell'isolamento, del sentirsi separati dagli altri e dal mondo, e del difficile cammino verso la riconnessione e la riscoperta di sé stessi.

INTRODUZIONE

Che cosa significa vivere?

È una domanda antica quanto il tempo stesso, un enigma che ha affascinato filosofi, poeti e sognatori attraverso i secoli. Vivere significa molto più che esistere, respirare e muoversi nel mondo. Significa immergersi nella profondità dell'esperienza umana, abbracciare la totalità delle emozioni che la vita ci offre, dalle più esaltanti alle più strazianti. Vivere significa essere parte di un grande arazzo cosmico, tessuto con fili di gioia, dolore, amore e perdita, un'opera d'arte che si dispiega in ogni istante della nostra esistenza.

Nell'abbraccio dell'alba, quando il mondo si risveglia avvolto da una luce dorata, sentiamo il palpito della speranza e la promessa di nuovi inizi. Ogni giorno è una tela bianca su cui possiamo dipingere i nostri sogni e aspirazioni, un'opportunità per creare bellezza e significato. Ma vivere significa anche confrontarsi con l'ombra del tramonto, con la consapevolezza che ogni inizio ha una fine, che la luce del giorno cede inevitabilmente il passo all'oscurità della notte. Eppure, è proprio questa dualità che dà profondità e risonanza alla nostra esistenza.

Oltre il tramonto, quando il giorno si dissolve nel crepuscolo e la notte stende il suo mantello stellato, la vita assume una dimensione più intima e contemplativa. È in quel momento di transizione che possiamo riflettere sulla nostra esistenza, sui traguardi raggiunti e sugli errori commessi. Oltre il tramonto, la quiete della notte ci invita a un dialogo interiore, a un confronto sincero con le nostre paure e speranze. È lì che scopriamo il vero significato della vita, un significato che trascende le apparenze e si radica nelle profondità del nostro essere. Il destino, quella forza misteriosa e insondabile, ci guida lungo sentieri imprevedibili, ci mette di fronte a sfide che mettono alla prova la nostra resistenza e il nostro coraggio. Non possiamo prevedere le svolte del nostro cammino, ma possiamo scegliere come affrontarle, con quale spirito e determinazione. È nel confronto con l'incertezza e l'ignoto che scopriamo la nostra vera forza, il nostro vero carattere. E così, tra le pieghe del tempo e dello spazio, troviamo il nostro posto nell'universo, un ruolo unico e irripetibile nel grande dramma della vita.

Le emozioni sono il battito vitale della nostra esistenza, il linguaggio dell'anima. Ci trasportano attraverso un caleidoscopio di sensazioni, dall'estasi dell'amore alla desolazione del dolore, dalla serenità della pace alla furia della rabbia. Ogni emozione è una nota nella sinfonia della vita, una voce nel coro del nostro essere. Vivere significa permettere a queste emozioni di fluire liberamente, di arricchirci e trasformarci. Significa accettare la vulnerabilità e la fragilità della nostra condizione umana, riconoscere che nella sofferenza c'è una profondità di comprensione e compassione che ci avvicina agli altri e a noi stessi.

La gioia e la sofferenza sono compagne inseparabili nel viaggio della vita. Nella gioia, troviamo momenti di pura estasi, di connessione profonda con il mondo e con le persone che amiamo. È nella risata condivisa, nello sguardo complice, nel calore di un abbraccio che la vita trova la sua espressione più luminosa. Ma è nella sofferenza che scopriamo la nostra resilienza, la capacità di rialzarci dopo ogni caduta, di trovare la luce anche nelle tenebre più fitte. La sofferenza ci insegna la compassione, ci rende più umani, più consapevoli della fragilità e della bellezza della vita.

E così, tra l'alba e il tramonto, tra la gioia e la sofferenza, si svela il significato profondo del vivere. È un viaggio di scoperta e crescita, di connessione e separazione, di speranza e accettazione. Vivere significa abbracciare ogni momento con pienezza, riconoscere che ogni istante è un dono prezioso, una possibilità di essere autenticamente noi stessi. È un inno alla vita, un canto di gratitudine per tutto ciò che è stato, tutto ciò che è e tutto ciò che sarà. Nella danza incessante del tempo, troviamo il nostro ritmo, la nostra melodia, e in essa, scopriamo il significato più profondo e autentico del vivere.

Alla fine, questo è il viaggio: un percorso tra la speranza e la disperazione, tra la vita e la morte, tra la perdita e la conquista, tra l'invenzione e la scoperta di sé stessi.

Questo è Journey.

Era una giornata di sole, l'aria era fresca e frizzante, tipica dei primi giorni d'autunno. L'edificio scolastico, con le sue mura di mattoni rossi e le finestre alte, era ormai alle spalle del piccolo Gianni, un ragazzino di dieci anni che correva lungo il marciapiede, la cartella rimbalzante sulle sue spalle. Il suo volto era contratto in un'espressione di paura e determinazione mentre cercava di sfuggire ai due ragazzi più grandi che lo rincorrevano.

Gianni svoltò rapidamente in un vicolo stretto e buio, sperando di trovare una via di fuga, ma si trovò presto intrappolato in un vicolo cieco. I due ragazzi lo raggiunsero, i loro passi pesanti echeggiavano tra i muri di mattoni. Uno di loro, un ragazzo biondo con una cicatrice sul mento, si avvicinò con un ghigno crudele.

Ragazzo biondo: "Dove lo hai messo, merdina?" urlò, avvicinandosi sempre di più a Gianni, il suo alito che odorava di tabacco.

Gianni, con il cuore che batteva all'impazzata, cercò di proteggere il suo piccolo tesoro, ma l'altro ragazzo, un robusto adolescente con i capelli scuri, lo spinse a terra. Gianni cadde pesantemente, il suo respiro si fece affannoso mentre cercava di trattenere le lacrime.

Ragazzo dai capelli scuri: "Eccolo!" esclamò trionfante, afferrando il portafoglio dalla tasca di Gianni.

Gianni: "No, vi prego, mi servono!" supplicò con la voce rotta dal singhiozzo e dalle lacrime. Il suo viso era una maschera di dolore e disperazione.
Ragazzo biondo: "Oh, ma sta zitto!" rispose con disprezzo, dandogli un calcio violento sulla pancia. Gianni si rannicchiò su se stesso, il dolore che gli toglieva il respiro.

I due ragazzi, soddisfatti del loro bottino, si girarono e corsero via, ridendo tra di loro. Gianni rimase a terra per qualche istante, il suo corpo tremante per il dolore e la paura. Sentiva il sapore salato delle lacrime sulle labbra mentre cercava di riprendere fiato.

Con un grande sforzo, si rialzò, dolorante e sconfitto. Raccolse lo zaino da terra, stringendolo forte al petto come se fosse l'unica cosa al mondo che potesse proteggerlo. Con passi lenti e incerti, si avviò verso casa, ogni passo un'agonia. Il vicolo, che pochi istanti prima era stato un luogo di terrore, ora sembrava solo un triste promemoria della sua solitudine.

Gianni camminava attraverso le strade del quartiere, i volti delle persone che incrociava erano sfocati dalle lacrime. Nessuno sembrava notarlo, nessuno sembrava curarsi del piccolo ragazzino che camminava a fatica verso casa. Ogni casa che superava era un luogo di calore e sicurezza, ma non per lui. La sua casa era solo un'altra prigione, un luogo dove il dolore fisico e emotivo sembrava essere una costante.

Arrivò finalmente davanti al vecchio edificio di mattoni dove viveva, le finestre sporche e i muri scrostati sembravano riflettere il suo stato d'animo. Salì lentamente le scale di legno che scricchiolavano sotto il suo peso, ogni gradino un'ulteriore sfida per il suo corpo dolorante. Quando raggiunse la porta del suo appartamento, si fermò per un istante, cercando di trovare il coraggio di entrare.

Spinse la porta con un leggero gemito, la vecchia porta si aprì con un cigolio. Entrò nel piccolo soggiorno, un luogo freddo e spoglio, dove i mobili erano vecchi e logori. La madre era in cucina, intenta a preparare qualcosa sul fornello.

Madre: "Gianni, sei tornato. Come è andata a scuola?" chiese, senza alzare lo sguardo dal suo lavoro.

Gianni non rispose, dirigendosi direttamente verso la sua stanza. Si chiuse la porta alle spalle e si lasciò cadere sul letto, abbracciando il cuscino mentre il dolore della giornata si riversava in un nuovo fiume di lacrime. Si sentiva perso, abbandonato in un mondo che sembrava solo volerlo ferire. La sua unica consolazione era sapere che, almeno per un po', era al sicuro nella sua piccola stanza, lontano dai bulli e dalla crudeltà del mondo esterno.

Gianni rimase a letto, cercando di soffocare i singhiozzi nel cuscino. La sua stanza era l'unico rifugio in una casa piena di dolore e conflitti. Le pareti sottili non riuscivano però a trattenere i rumori della cucina, dove sua madre, Marisol, si affaccendava nervosamente. Il silenzio venne presto interrotto dal suono pesante della porta d'ingresso che si apriva e si richiudeva con violenza.

Antonio (urlando): "Dove cazzo è la mia cena? Sono le sette di sera e tu non hai ancora preparato nulla?!"

Gianni sentì il suono familiare e spaventoso dello schiaffo. Il cuore gli si strinse nel petto, e con un movimento lento si alzò dal letto, avvicinandosi alla porta della sua stanza. Aprì una fessura e guardò fuori, vedendo suo padre, Antonio, ubriaco come al solito, in piedi davanti a sua madre, che si teneva una guancia arrossata.

Antonio (con rabbia): "Che cazzo ti ho detto? Muoviti, lurida stronza!"

Marisol, con le lacrime agli occhi, cercò di affrettarsi a preparare qualcosa. Le mani le tremavano mentre metteva la pentola sul fornello.

Antonio (impaziente): "Hai mangiato, ragazzo?" chiese, girandosi improvvisamente verso Gianni.

Gianni (timoroso): "S-sì, papà," rispose con un filo di voce, sperando di evitare la sua ira.
Antonio (urlando): "Non mentirmi, ragazzo!

Se questa cretina di tua madre non è nemmeno in grado di sfamarti, mi chiedo a che cazzo serva!" E con un movimento rapido, gli tirò uno schiaffo che fece vacillare Gianni.

Gianni cadde a terra, il dolore bruciante sulla guancia. Sentiva le lacrime riempirgli gli occhi, ma si trattenne dal piangere, sapendo che avrebbe solo peggiorato le cose.

Antonio (con disprezzo): "Alzati e smettila di fare la femminuccia. Non c'è spazio per deboli in questa casa."

Mentre Gianni cercava di rialzarsi, Marisol, con un'espressione di terrore e tristezza, cercava di preparare qualcosa in fretta sul fornello. Le mani le tremavano, e si vedeva chiaramente che stava cercando di evitare qualsiasi ulteriore conflitto.

Marisol (sussurrando): "Sto preparando qualcosa, ci vorrà solo un momento..."

Antonio (sbuffando): "Fai presto, donna! Ho bisogno di riempire lo stomaco prima di andarmene."

Gianni si sedette su una sedia nell'angolo della cucina, osservando in silenzio. Ogni movimento, ogni suono sembrava amplificato nella sua mente, un incubo ad occhi aperti. Il tempo sembrava dilatarsi mentre sua madre finiva di preparare una cena veloce e la posava sul tavolo.

Antonio (con disprezzo): "Finalmente. Sei lenta come un bradipo," disse mentre si sedeva e iniziava a mangiare.

Gianni osservava il padre mangiare con voracità, ogni boccone sembrava carico di odio e risentimento. La madre di Gianni si sedette in silenzio, guardando il piatto con un'espressione vuota. Il pasto si consumò in un silenzio teso, interrotto solo dal rumore delle posate contro i piatti.

Dopo aver finito di mangiare, Antonio si

alzò bruscamente, spingendo via la sedia. Si pulì la bocca con il dorso della mano e si diresse verso la sua camera. Tornò poco dopo, vestito con abiti puliti.

Antonio (con un sorriso malizioso): "Io esco, vado a svuotarmi le palle. Non aspettatemi svegli," disse, dirigendosi verso la porta d'ingresso.

Gianni guardò suo padre uscire, sentendo un misto di sollievo e angoscia. Sapeva che la pace sarebbe durata solo finché il padre non fosse tornato. Quando la porta si chiuse alle sue spalle, la tensione nella casa sembrò allentarsi leggermente.

Marisol (sospirando): "Gianni, vieni qui," disse con voce stanca.

Gianni si avvicinò lentamente, osservando le lacrime non versate negli occhi di sua madre. Si abbracciarono, trovando un breve momento di conforto nel calore l'uno dell'altra. Anche se il loro mondo era pieno di dolore, sapevano che almeno avevano ancora un po' di speranza nel loro legame.

Marisol (sussurrando): "Andiamo a letto, tesoro. Domani sarà un altro giorno."

Gianni annuì, seguendo sua madre verso le loro stanze. Mentre si coricava, il suono dei passi del padre sulla strada svaniva nella notte, lasciandolo solo con i suoi pensieri. Chiuse gli occhi, sperando che il sonno lo portasse lontano da quel luogo di sofferenza, almeno per qualche ora.

Il mattino seguente, Gianni si svegliò con il suono dei passi pesanti del padre che rientrava in casa. Il suo respiro era irregolare e poteva sentire il tintinnio delle bottiglie vuote. Si rannicchiò nel letto, cercando di rimanere invisibile.

Antonio (urlando): "Marisol, dove cazzo sei? Prepara un caffè, muoviti!"
Gianni sentì il suono dei passi della madre che si affrettava in cucina. Il rumore della

caffettiera che si metteva in moto era l'unico suono confortante in quella mattina piena di tensione.

Antonio (con rabbia): "Mi hai sentito, puttana? Muoviti!"

Gianni si alzò lentamente dal letto, sapendo che era meglio non far arrabbiare ulteriormente il padre. Si vestì in fretta e scese le scale, trovando sua madre che cercava di evitare lo sguardo di Antonio mentre preparava il caffè.

Gianni (timoroso): "Buongiorno, papà."

Antonio (sbuffando): "Siediti e mangia, ragazzo. Non ho tempo per le tue stronzate."

Gianni si sedette al tavolo, cercando di fare colazione in silenzio. Ogni boccone era difficile da mandare giù, sapendo che qualsiasi cosa avrebbe potuto far scattare l'ira del padre.

Marisol (con voce sommessa): "Hai dormito bene, Gianni?"

Gianni (annunciando): "Sì, mamma. Grazie."

La tensione nella cucina era palpabile. Antonio si sedette al tavolo con il caffè, sorseggiandolo lentamente mentre fissava Gianni e Marisol con occhi pieni di disprezzo.

Antonio (minaccioso): "Oggi vado al lavoro, ma quando torno, voglio che questa casa sia in ordine. Capito, Marisol?"

Marisol (annunciando): "Sì, Antonio."

Gianni finì di mangiare e si alzò dalla sedia, pronto a scappare da quella prigione almeno per qualche ora.

Gianni (sussurrando): "Vado a scuola, mamma."

Marisol (annunciando): "Stai attento, tesoro."

Gianni uscì di casa, camminava verso la scuola con il cuore pesante. Ogni passo sembrava trascinarsi, e l'idea di affrontare un'altra giornata di derisione e violenza gli faceva desiderare di tornare indietro. Quando arrivò davanti all'edificio scolastico, vide tre ragazzi che lo aspettavano. Erano lì ogni giorno, pronti a tormentarlo.

Luca (urlando): "Ehi! Sfigato!"

Gli altri due risero, mentre Gianni sentiva il sangue gelarsi nelle vene. Tentò di scappare, ma i suoi piedi sembravano piombo. Prima che potesse fare altro, i tre ragazzi gli corsero incontro. Il più grande, un ragazzo robusto con i capelli corti e uno sguardo cattivo, lo afferrò per il colletto della camicia.

Luca (con disprezzo): "Che cosa fai?

Piangi? Chiama la mamma!" disse spingendolo a terra con forza.
Gianni cadde pesantemente, sentendo il dolore attraversargli il corpo. Gli occhi si riempirono di lacrime, ma cercò di trattenersi. Non voleva dar loro la soddisfazione di vederlo piangere. Il secondo ragazzo, un tipo magro e allampanato di nome Daniele, gli prese lo zaino, che in realtà era una vecchia valigia di pelle a cui sua madre aveva cucito due fibbie per farlo sembrare uno zaino.

Daniele (ridendo): "Guardate questo catorcio!" esclamò mentre apriva la valigia e la gettava a terra. Poi, con un ghigno malizioso, iniziò a farci la pipì dentro.

Gianni (disperato): "No, ti prego..." cercò di fermarlo, ma Luca e il terzo ragazzo, Stefano, lo presero e lo scaraventarono a terra nuovamente.
Stefano (con crudeltà): "Piantala di frignare, merdina!"
La campanella suonò in quel momento,

interrompendo la brutalità. Il bidello, un anziano con occhiali spessi e una barba bianca, uscì e chiamò a raccolta i tre bulli.

Bidello: "Ragazzi, venite qui! Subito!"

I bulli, riluttanti, si allontanarono da Gianni, lasciandolo dolorante e umiliato. Il bidello si avvicinò a lui, osservando la scena con preoccupazione.

Bidello (gentile): "Stai bene, ragazzo?"

Gianni lo fissò con rabbia e dolore, la sua voce piena di risentimento.

Gianni (con rabbia): "Ti sembra che stia bene, vecchio rincoglionito?" rispose mentre si rialzava, raccogliendo lo zaino che ora grondava di urina.

Bidello (indignato): "Ma come ti permetti? Vieni immediatamente con me dal preside." prese Gianni per un braccio e lo trascinò verso la presidenza.

La camminata verso l'ufficio del preside sembrava un'agonia. Ogni passo rimbombava nei corridoi, e Gianni sentiva gli sguardi curiosi e giudicanti degli altri studenti. Quando arrivarono, il bidello bussò con forza alla porta e la aprì, spingendo dentro Gianni.

Preside (serio): "Cosa sta succedendo qui?" chiese, sollevando lo sguardo da un mucchio di documenti sulla sua scrivania.

Bidello (indignato): "Questo ragazzo ha bisogno di imparare a rispettare gli adulti. Ha risposto male e ha causato problemi fuori dalla scuola."

Il preside, un uomo di circa 50 anni, con capelli grigi e un viso segnato dalle rughe dell'esperienza, si alzò lentamente dalla sua sedia. Il suo sguardo era freddo e deciso.

Gianni sentì il cuore sprofondare quando ill preside prese il telefono e compose il numero di telefono dei genitori "Buongiorno, la chiamo dalla scuola San Castolo, potrebbe venire qui? Vostro figlio ha causato dei guai". Dopo circa una ventina di minuti la porta dell'ufficio si aprì di colpo, e Antonio entrò con passo pesante. Aveva il viso arrossato dall'alcol e l'espressione colma di rabbia.

Antonio (urlando): "Dopo facciamo i conti!" gli tirò uno schiaffo violento sulla guancia, facendo scendere delle lacrime sul viso di Gianni.

Il preside osservò la scena con una calma inquietante, abituato a gestire situazioni difficili, ma con una palese disapprovazione nei confronti della violenza di Antonio.

Preside (serio): "Signori, è chiaro che prenderete le dovute misure del caso. Naturalmente, in questa scuola non è tollerata la maleducazione, suo figlio ha imprecato contro il Signor DeVittari, il bidello, è chiaro che non tolleriamo certi

comportamenti, perciò sono costretto a sospendere suo figlio."
Antonio non rispose al preside, si voltò a fissare Gianni.
Antonio (rabbioso): "Che cazzo fai qui a piangere? Andiamo a casa!"

Antonio afferrò il braccio di Gianni e lo fece alzare bruscamente dalla sedia di legno. La presa era talmente forte che Gianni iniziò a lamentarsi del dolore, ma il padre non sembrava tener conto del lamento. Lo strinse fino all'esterno della scuola, ignorando i tentativi di Gianni di liberarsi.

Antonio (furioso): "Non pensare di farla franca. Quando torniamo a casa, ti faccio vedere io!"

Il viaggio verso casa fu un inferno. Ogni passo era un tormento, e Gianni sapeva che il peggio doveva ancora venire. Quando finalmente arrivarono a casa, Antonio lo scaraventò dentro, facendolo cadere sul pavimento.

Antonio (con disprezzo): "Ora stai zitto e non fare il frignone. Non voglio sentire una parola fino a cena!"

Gianni si rannicchiò in un angolo, cercando di trattenere le lacrime. Marisol lo guardò con occhi tristi, incapace di intervenire. Sapeva che qualsiasi tentativo di proteggere suo figlio avrebbe solo peggiorato la situazione. Così, mentre preparava la cena, le sue mani tremavano, non solo per la paura del marito, ma per il dolore di vedere il proprio figlio soffrire così tanto.

Durante la cena, Gianni allungò la mano per afferrare un pezzo di pane, ma non fece in tempo a toccarlo che Antonio prese la bottiglia di vetro dell'acqua e la ruppe violentemente sulla sua mano.

Antonio (sbraitando): "Tu forse non hai capito o non vuoi capire, non ceni, non parli, non ti muovi se non sono IO a dirti che puoi farlo!"

Gianni tirò indietro la mano, ora piena di sangue. Sua madre, Marisol, cercò di intervenire con un'espressione di puro terrore sul volto.

Marisol (urlando): "Oddio, Gianni!"

Antonio (sbraitando): "Tu stai seduta, non abbiamo finito di cenare!"

Gianni iniziò a piangere dal dolore, la mano grondante di sangue, ma Antonio non mostrò alcuna pietà. Marisol si alzò per cercare di assistere Gianni, ma Antonio si alzò in piedi con un'espressione di rabbia incontrollabile.

Antonio (con disprezzo): "Allora forse non mi sono spiegato, lurida schifosa, tu sei mia moglie e fai quello che ti dico IO!" afferrò Marisol per i capelli e le scaraventò la testa contro il tavolo in legno.

Gianni (urlando disperato): "No, ti prego, fermati!"

Antonio non degnò nemmeno di uno sguardo Gianni. Afferrò nuovamente Marisol per i capelli e la lanciò sulla sedia.

Antonio (urlando): "Tu sei mia, tu fai quello che dico io!"

Gianni, tremante e in lacrime, non poteva far altro che osservare impotente mentre il padre continuava a picchiare la madre. La mano di Gianni pulsava di dolore, il sangue continuava a colare, creando una pozza rossa sul pavimento.

Antonio (con tono minaccioso): "Ora vai in bagno e fasciati quella mano. E non osare piangere, capito?"

Gianni si alzò lentamente, tenendosi la mano ferita, e si diresse verso il bagno. Mentre passava, poteva sentire le urla soffocate della madre e le minacce di Antonio. Una volta in bagno, Gianni chiuse la porta e cercò di fermare il sangue con un pezzo di stoffa strappato da un asciugamano. Il dolore era lancinante, ma ciò che lo distruggeva di più era l'impotenza di fronte alla violenza del padre.

Mentre fasciava la mano, sentì le urla di suo padre che continuava a infierire su Marisol. Ogni colpo, ogni urlo, ogni supplica si infrangeva contro le pareti sottili della casa. Gianni si sedette sul bordo della vasca, stringendo i denti per non piangere, sentendo il peso di un mondo che sembrava schiacciarlo.

Quella notte, Gianni rimase sveglio, incapace di trovare riposo. La sua mente era un vortice di pensieri confusi e di paura. Ad un certo punto, sentì un rumore che non aveva mai sentito prima: un tonfo forte, cupo, seguito da altri sempre più forti, fino ad un colpo finale seguito dal silenzio. Gianni rimase immobile, paralizzato dal terrore, ascoltando il silenzio che seguì.

Il mattino seguente, Gianni si alzò con la mano ancora dolorante e fasciata in modo approssimativo. Si diresse in cucina, trovando solo suo padre intento a leggere il giornale con un'espressione soddisfatta sul volto.

Gianni (con voce tremante): "Padre, dov'è la mamma?"

Antonio (senza alzare lo sguardo dal giornale): "Sta riposando. Stanotte le ho fatto capire una volta per tutte chi comanda."

Gianni sentì un brivido lungo la schiena. Il tono di suo padre era glaciale, privo di qualsiasi traccia di umanità. Si avvicinò lentamente alla camera dei genitori, il cuore che batteva all'impazzata. Aprì la porta con cautela e vide sua madre sdraiata sul letto, il volto coperto di lividi e gonfio per le botte. Marisol respirava a fatica, gli occhi chiusi, e Gianni capì che il dolore che provava non era solo fisico.
Gianni tornò in cucina, con gli occhi pieni di lacrime, ma non disse una parola. Antonio

continuava a leggere il giornale come se nulla fosse accaduto, come se la violenza della notte precedente fosse stata solo un dettaglio insignificante.

Antonio (con tono brusco): "Sei stato sospeso da scuola, quindi oggi vieni con me al lavoro. Almeno imparerai un mestiere."

Il viaggio verso il luogo di lavoro di Antonio fu lungo e pieno di silenzi pesanti. Gianni non sapeva cosa aspettarsi, ma sapeva che non sarebbe stato facile. Quando arrivarono, Antonio lo trascinò all'interno di una fabbrica rumorosa e maleodorante.

Antonio (con tono autoritario): "Tu stai qui e guardi. Non voglio sentire un fiato, capito?"

Gianni annuì, osservando gli operai che lavoravano duramente, sudati e stanchi. Ogni rumore della fabbrica sembrava amplificare il dolore della sua mano e il peso della situazione. Sentiva gli sguardi curiosi e giudicanti degli altri operai, ma cercò di non prestarvi attenzione.

Antonio lo fece lavorare tutto il giorno, senza dargli un momento di riposo. Gianni doveva spostare casse pesanti, pulire macchinari sporchi e svolgere i compiti più umilianti. Ogni errore veniva punito con urla e minacce da parte del padre.
Quando finalmente la giornata di lavoro finì, Gianni era esausto, con la mano pulsante e il corpo dolorante. Antonio lo trascinò fuori dalla fabbrica e lo fece salire in macchina senza dire una parola. Durante il viaggio di ritorno, il silenzio era assordante.

Arrivati a casa, Antonio lo spinse dentro, facendo cadere Gianni sul pavimento.

Antonio (con disprezzo): "Ora stai zitto e non fare il frignone. Non voglio sentire una parola fino a cena!"

La giornata trascorse lentamente, ogni ora

sembrava un'eternità. Durante la pausa pranzo, Gianni si rifugiò in un angolo del cortile, lontano dagli altri studenti. Si sedette su una panchina, abbracciando le ginocchia e cercando di trovare un po' di conforto nella solitudine.

Gianni (pensando): "Perché deve essere tutto così difficile? Perché devo soffrire così tanto?"

Mentre era immerso nei suoi pensieri, sentì una voce familiare.

Sofia (gentile): "Gianni, stai bene?"

Era Sofia, una ragazza della sua classe. Aveva sempre avuto un sorriso gentile per lui, ma Gianni era troppo abituato alla violenza e alla crudeltà per fidarsi facilmente.

Gianni (sospirando): "Sto bene, Sofia. Grazie."

Sofia si sedette accanto a lui, senza dire nulla. La sua presenza era confortante, anche se Gianni non lo avrebbe mai ammesso.

Sofia (con dolcezza): "Se hai bisogno di parlare, io sono qui."

Gianni annuì, apprezzando il gesto ma senza parole per esprimere la sua gratitudine. La campanella suonò di nuovo, e Sofia gli diede una leggera pacca sulla spalla prima di alzarsi.

Sofia (sorridendo): "Ci vediamo in classe."

Gianni la guardò allontanarsi, sentendo un piccolo barlume di speranza. Forse non era completamente solo.

Quando la giornata scolastica finì, Gianni si diresse verso casa con passi pesanti. Ogni passo era un ricordo doloroso della sua realtà. Quando arrivò a casa, Antonio era già lì, seduto sul divano con una birra in mano.

Antonio (guardando Gianni con disprezzo): "Finalmente sei tornato. Spero che tu abbia imparato qualcosa oggi."

Gianni annuì, cercando di evitare lo sguardo del padre. Si diresse verso la sua stanza, desideroso solo di un po' di pace. Ma sapeva che la pace era un lusso che non poteva permettersi.

Quella notte, mentre si sdraiava nel suo letto, sentì di nuovo le urla e i colpi provenire dalla stanza dei genitori. Chiuse gli occhi, cercando di bloccare i suoni, ma era impossibile. Ogni rumore era un promemoria del suo incubo quotidiano.

Gianni passò la notte sveglio, le urla di sua madre erano troppo. Il mattino giunse, gli occhi spenti di Gianni fecero capolino in cucina, Marisol era intenta a scaldare il latte per la colazione. Il viso era pieno di lividi e tagli, la vestaglia piena di sangue era il simbolo della sofferenza.

Marisol (cercando di sorridere, ma il dolore le fece fare una smorfia): "Buongiorno tesoro."

Gianni sentì il cuore stringersi. La forza di sua madre, nonostante tutto, era incredibile. Cercò di rispondere con un sorriso, ma il dolore e la preoccupazione erano troppo evidenti.

Gianni (con voce sommessa): "Buongiorno mamma."

Marisol versò il latte caldo in una tazza,

cercando di trattenere le lacrime. Ogni movimento era una lotta contro il dolore fisico, ma il desiderio di proteggere Gianni era più forte.

Marisol (cercando di mascherare il dolore): "Ecco qui, la tua colazione. Cerca di mangiare qualcosa, ok?"

Gianni annuì, prendendo la tazza tra le mani tremanti. Il calore del latte sembrava lontano, quasi irreale, mentre la realtà fredda e brutale della sua vita lo circondava. Si sedette al tavolo, cercando di mandare giù qualche sorso, ma il nodo alla gola gli impediva di mangiare.

Marisol (con un sorriso triste): "Devi essere forte, Gianni. La scuola è importante, non lasciare che... queste cose ti distraggano."

Gianni annuì ancora, sentendo un peso insopportabile sul petto. Terminata la colazione, si preparò per andare a scuola. Indossò la giacca logora e si mise lo zaino sulle spalle. Prima di uscire, Marisol lo abbracciò stretto, come se fosse l'ultima volta.

Marisol (sussurrando): "Ti voglio bene, Gianni. Ricorda sempre questo."

Gianni si diresse verso la porta, con le parole di sua madre che riecheggiavano nella mente. Il tragitto verso la scuola era un percorso familiare, ma quella mattina sembrava diverso, più lungo e pieno di insidie. Ogni passo era pesante, come se stesse camminando con delle catene invisibili ai piedi.

Giunto all'ingresso della scuola, i corridoi sembravano soffocanti, pieni di sussurri e risate che lo facevano sentire ancora più isolato. Cercò di farsi strada attraverso la folla, ma il peso della notte precedente era troppo grande da sopportare.

Mentre camminava, la professoressa Sofia lo notò e gli fece cenno di avvicinarsi.

Professoressa Sofia (con tono di confidenza): "Gianni, possiamo parlare un momento?"

Gianni annuì, seguendo la professoressa fino all'aula insegnanti. Una volta entrati, Sofia chiuse la porta e lo invitò a sedersi. Si sedette di fronte a lui, lo sguardo pieno di preoccupazione e compassione.

Professoressa Sofia (con dolcezza): "Ascolta, c'è forse qualcosa che mi vorresti dire? Qualche problema in casa di cui vorresti parlarmi?"

Quelle parole furono come un tappo che saltava da una bottiglia. Gianni sentì le lacrime iniziare a scendere copiosamente. Tutta la sua sofferenza, la paura, il dolore che aveva tenuto dentro, finalmente trovavano un'uscita.

Gianni (piangendo): "Mi perdoni, so che non dovrei piangere..."

Professoressa Sofia (sorridendo e porgendogli un pacco di fazzoletti): "Piangere è il nostro modo per sfogarci, Gianni. Tira fuori tutto, non tenerti dentro il dolore."

Gianni prese un fazzoletto e si asciugò le lacrime, sentendo un leggero sollievo nel poter finalmente parlare con qualcuno.

Gianni (con voce rotta): "Mio padre... è violento. Picchia mia madre ogni notte. Io... non posso fare niente per fermarlo."

Sofia lo ascoltava con attenzione, il cuore stretto in una morsa di dolore per il giovane studente. Ogni parola di Gianni era un colpo al cuore.

Professoressa Sofia (con dolcezza): "Gianni, mi dispiace tanto. Nessuno dovrebbe vivere una cosa del genere."

Gianni continuava a piangere, le parole

fluivano come un fiume in piena.

Gianni (singhiozzando): "Non so cosa fare, professoressa. Ogni notte è un incubo. Non posso più andare avanti così."

Professoressa Sofia (con un tono deciso): "Facciamo così, so che è poco ortodosso e poco professionale da parte mia, però ho un'idea. Adesso chiamo i tuoi genitori e gli dico che oggi pomeriggio hai un rientro formativo. Vieni a casa mia, così parliamo un altro po'."

Gianni la guardò con occhi speranzosi. Era la prima volta che qualcuno gli offriva una via d'uscita, anche se solo temporanea.

Gianni (con un filo di voce): "Grazie, professoressa. Non so come ringraziarla."

Professoressa Sofia (sorridendo): "Non c'è bisogno di ringraziarmi, Gianni. Voglio solo aiutarti."

Sofia chiamò a casa di Gianni, mentendo abilmente sulla necessità del rientro pomeridiano. Una volta terminata la chiamata, si girò verso Gianni, cercando di trasmettergli tutto il calore e la comprensione di cui era capace.

Professoressa Sofia (con dolcezza): "Vedrai, tutto andrà bene. Adesso torna in classe e cerca di concentrarti. Oggi pomeriggio ci vediamo a casa mia."

Gianni annuì, sentendo un leggero sollievo. Non era una soluzione definitiva, ma era un inizio. Si alzò, ringraziò ancora la professoressa e uscì dall'aula insegnanti, sentendo un peso leggermente più leggero sul cuore.

La giornata scolastica trascorse lentamente. Ogni lezione sembrava durare un'eternità, ma Gianni cercava di concentrarsi, sapendo che il pomeriggio avrebbe avuto un'opportunità di parlare ancora. Quando finalmente la campanella suonò per segnare la fine delle lezioni, Gianni si diresse verso l'uscita con un misto di ansia e speranza.

Si diresse verso casa della professoressa, seguendo le indicazioni che lei gli aveva dato. Ogni passo era un passo verso un possibile cambiamento, un passo verso una speranza che non aveva mai osato nutrire prima.

Arrivato davanti alla casa, prese un respiro profondo e bussò alla porta. La professoressa Sofia aprì, accogliendolo con un sorriso caloroso.

Professoressa Sofia (con dolcezza): "Entra, Gianni. Sei il benvenuto."

Gianni entrò, sentendo per la prima volta dopo tanto tempo un senso di sicurezza e calore. La casa era accogliente, con un odore di biscotti appena sfornati che riempiva l'aria. Si sedette sul divano, guardandosi intorno timidamente.

Professoressa Sofia (sorridendo): "Vuoi un tè? O preferisci qualcosa di diverso?"

Gianni (con un piccolo sorriso): "Un tè va bene, grazie."

Mentre Sofia preparava il tè, Gianni si sentiva più rilassato. Finalmente aveva trovato qualcuno disposto ad ascoltarlo, qualcuno che voleva davvero aiutarlo. Quando Sofia tornò con due tazze fumanti, si sedette accanto a lui, pronta ad ascoltare tutto ciò che aveva da dire.

Quella sera, Gianni parlò come non aveva mai fatto prima. Raccontò tutto: le violenze, le paure, i sogni infranti. E Sofia ascoltò, offrendo conforto e comprensione, promettendo di fare tutto il possibile per aiutarlo a trovare una via d'uscita.

Mentre Gianni parlava, la porta d'ingresso si aprì e Marta, la figlia della professoressa, entrò in casa assieme al padre,

Ferdinando. Marta era una ragazza di dieci anni, con un viso dolce e curioso. Ferdinando, un uomo alto e robusto, guardò Gianni con curiosità.

Ferdinando (con tono curioso): "Chi è il ragazzino, Sofia?"

Sofia sorrise, accarezzando dolcemente la spalla di Gianni.

Professoressa Sofia (con un grande sorriso): "È un mio studente, Ferdinando. Sto cercando di fornire ciò che gli è mancato."

Ferdinando la fissò per un istante, poi sorrise.

Ferdinando (con tono compr

ensivo): "Va bene, noi andiamo a preparare la cena."

Prese Marta per mano e si diresse in

cucina. Gianni e Sofia rimasero in salotto a parlare.

Gianni (con voce tremante): "Non so cosa fare, professoressa. Mi sento così solo."

Professoressa Sofia (con dolcezza): "Non sei solo, Gianni. Io sono qui per te. E anche la mia famiglia."
Continuarono a parlare fino a quando il profumo della cena iniziò a riempire la casa. Sofia chiamò Gianni a tavola e Ferdinando e Marta lo accolsero con calore. La cena fu un momento di sollievo per Gianni, che per la prima volta da molto tempo si sentiva parte di una famiglia.

Dopo cena, Gianni ringraziò tutti per la loro ospitalità. Sofia si offrì di accompagnarlo a casa. Durante il tragitto, Gianni sentiva un misto di gratitudine e timore per ciò che lo aspettava.

Arrivati davanti alla casa di Gianni, videro Antonio che li attendeva all'ingresso, con uno sguardo carico di rabbia.

Antonio (urlando): "Dove cazzo sei stato, ragazzo? Ti faccio vedere io!"

Gianni sentì il cuore stringersi, ma trovò il coraggio di rispondere.

Gianni (con voce tremante): "Ero dalla professoressa Sofia..."

Sofia intervenne, cercando di calmare la situazione.

Professoressa Sofia (con tono fermo): "Signor Antonio, Gianni aveva bisogno di un po' di supporto. Se ha bisogno di parlarmi, possiamo discuterne."

Antonio le lanciò uno sguardo furente, ma non disse nulla. Afferrò Gianni per il braccio e lo trascinò dentro casa.

Antonio (sussurrando con tono minaccioso): "Dopo facciamo i conti."

Sofia osservò la scena con il cuore pesante, promettendosi di fare tutto il possibile per aiutare Gianni. Tornò a casa con la mente colma di preoccupazioni, mentre Gianni affrontava un altro incubo .
L'ira di Antonio era fuori controllo. Le sue mani tremavano mentre si slacciava la cintura, afferrò Gianni per il braccio e lo scaraventò a terra con una furia cieca. Gianni sentì il mondo girare mentre cadeva, il pavimento freddo che lo accoglieva con brutalità. Prima che potesse rialzarsi, la cintura di Antonio si abbatté su di lui con uno schiocco secco, provocando un dolore lancinante che gli tolse il respiro.
Antonio (urlando con rabbia): "Adesso ti insegno io a fare il furbo!"
Le urla di Gianni risuonavano per tutta la casa, un grido di dolore che sembrava non avere fine. Marisol, sentendo le grida strazianti del figlio, corse all'ingresso, il cuore che batteva furiosamente nel petto.
Marisol (implorando, con le lacrime agli occhi): "Fermati, basta! Ne ha prese a sufficienza!"

Quelle parole, anziché calmare Antonio, sembravano alimentare la sua furia. Si voltò verso Marisol con occhi iniettati di sangue, la sua voce era un ringhio feroce.

Antonio (sbraitando): "Tu stai zitta! Questo moccioso deve imparare a rispettarmi!"

Marisol fece un passo indietro. Le sue parole, pur mosse dall'amore e dalla disperazione, per Gianni furono come una pugnalata al cuore. Sentire sua madre dichiarare che "ne aveva prese a sufficienza" fu un colpo più duro dei colpi di cintura. Qualcosa dentro di lui si spezzò, un cambiamento profondo e doloroso. Quelle parole lo ferirono più della cintura, lasciandogli una cicatrice invisibile ma indelebile.

La fibbia della cintura colpì il volto di Gianni, provocandogli un taglio profondo. Il sangue iniziò a scorrere copiosamente, bagnando il pavimento e tingendo di rosso la sua visione. Il dolore era insopportabile, ma il peggio era la consapevolezza che nulla di tutto ciò era destinato a cambiare.

Gianni (piangendo, con la voce rotta):

"Papà, ti prego, basta..."
Ma Antonio non sentiva ragioni. Continuò a colpirlo, infierendo con ogni colpo, come se ogni schiocco della cintura potesse cancellare la sua frustrazione e il suo odio.
Marisol non intervenne. Rimase in disparte, osservando impotente la scena con le lacrime che le rigavano il volto. Ogni colpo inferto al figlio era un colpo inferto anche a lei, ma la paura e la sottomissione le impedivano di agire.
Ogni colpo della cintura era amplificato dall'assenza di protezione e di amore. La fibbia della cintura colpì nuovamente il volto di Gianni, provocandogli un taglio ancora più profondo. Il sangue iniziò a scorrere copiosamente, bagnando il pavimento e tingendo di rosso la sua visione. Il dolore era insopportabile, ma il peggio era la consapevolezza che nulla di tutto ciò era destinato a cambiare.
Gianni (piangendo, con la voce rotta): "Papà, ho sbagliato, perdonami..."
Alla fine, Antonio si fermò, respirando pesantemente. Lasciò cadere la cintura a

terra e si voltò, uscendo dalla stanza con passi pesanti.

Antonio (borbottando con rabbia): "Vatti a pulire".

Le parole riecheggiarono nella stanza vuota. Marisol si sollevò lentamente, il viso segnato dal dolore e dalla paura, e si avvicinò a Gianni, che era ancora a terra.

Marisol (con voce tremante): "Gianni, tesoro... stai bene?"

Gianni non riuscì a rispondere. Si alzò e si diresse in bagno a pulirsi dal sangue. Aprì la porta e si diresse in camera sua, lasciando li sua madre che lo fissava disperata.

Il mattino giunse, Gianni aveva passato la notte sveglio, il corpo dolorante gli impediva di prender sonno. Qualcosa di diverso però sembrava palesarsi sul suo volto, non era più paura, sembrava determinazione. Scese le scale, entrò in cucina e salutò con una voce ferma:

Gianni (con determinazione): "Buongiorno, padre."

Antonio non gli rispose, borbottò qualcosa

mentre beveva il caffè con il solito broncio. Marisol era intenta a preparare la colazione, cercando di mascherare i segni del dolore con un sorriso stanco.

Marisol (con un sorriso forzato): "Buongiorno, tesoro. Ti ho preparato la colazione."

Gianni (con tono freddo): "Grazie, mamma."

Si sedette al tavolo e prese un boccone del pane tostato, sentendo ogni movimento come un promemoria del dolore inflittogli la sera prima. Guardò suo padre negli occhi, decidendo che era giunto il momento di prendere una decisione.

Gianni (con voce ferma): "Intendo lasciare la scuola. Vorrei iniziare a lavorare."

Quelle parole fecero fare capolino ad Antonio, che sollevò lo sguardo sorpreso. Il suo viso si aprì in un ghigno soddisfatto.

Antonio (con un sorrisetto): "Era ora che iniziassi a portare anche tu il pane in tavola."

Marisol, invece, si girò di scatto verso Gianni, il volto pieno di preoccupazione.

Marisol (con voce tremante): "Sei troppo piccolo, devi andare a scuola!"

Antonio si alzò di scatto dalla sedia, il viso contorto dalla rabbia. Si avvicinò a Marisol, minacciandola con la mano.

Antonio (urlando): "Ti ho detto che non ti devi intromettere!"

Marisol indietreggiò spaventata, cercando di trovare rifugio contro il lavandino. Gianni si alzò lentamente, sentendo una forza nuova dentro di sé. Si mise tra il padre e la madre, il cuore che batteva furiosamente.

Gianni (con voce decisa): "Ho deciso. Voglio lavorare."

Antonio lo fissò con uno sguardo di sfida, ma qualcosa nella determinazione di Gianni lo fece fermare. Forse era la sorpresa di vedere il figlio prendere una posizione così ferma, o forse era la stanchezza di una lotta costante. Si voltò bruscamente, tornando a sedersi con un grugnito.

Antonio (con voce brusca): "Fa' come vuoi. Ma non aspettarti che sia facile."

Gianni annuì, sentendo il peso delle sue

parole e delle sue scelte. Marisol lo guardò con occhi pieni di lacrime, ma anche di orgoglio.

Marisol (sussurrando): "Stai attento, tesoro."

Gianni terminò la colazione in silenzio, sentendo che un nuovo capitolo della sua vita stava per iniziare. Sapeva che non sarebbe stato facile, ma era determinato a trovare una via d'uscita dal ciclo di violenza e dolore che aveva caratterizzato la sua infanzia.

Finita la colazione, si alzò e si preparò per uscire. La tensione nella stanza era palpabile, ma Gianni si sentiva più forte, come se finalmente avesse trovato il coraggio di affrontare il futuro.

Gianni (rivolto a Marisol): "Tornerò più tardi, mamma. Starò bene."

Marisol annuì, cercando di nascondere la preoccupazione nei suoi occhi. Gianni uscì di casa, sentendo l'aria fresca sul viso come una promessa di cambiamento. Si diresse verso il centro della città, determinato a trovare un lavoro che potesse dargli un senso di indipendenza e dignità.

Giunse all'ingresso della scuola, ma invece di entrare, si diresse verso un piccolo negozio di ferramenta che aveva notato qualche giorno prima. Il proprietario, un uomo anziano dal volto segnato dal tempo, lo guardò con curiosità.

Proprietario (con voce gentile): "Posso aiutarti, ragazzo?"

Gianni (con determinazione): "Sto cercando un lavoro. Sono disposto a fare qualsiasi cosa."

Il proprietario lo studiò per un momento, poi annuì lentamente.

Proprietario (con un sorriso): "Va bene, possiamo provare. Vieni dentro e vediamo cosa sai fare."

I giorni trascorsero con una lentezza che sembrava infinita. Mauro, il titolare della ferramenta, e Gianni stavano sistemando il negozio, quando Antonio entrò all'improvviso. Il suo volto era un mix di rabbia e terrore.

Antonio (con voce tremante): "Gianni, devi venire con me."

Gianni chiese il permesso a Mauro, il quale, notando la preoccupazione sul volto di Antonio, non esitò a lasciarlo andare.

Mauro (annunciando): "Vai, Gianni. Sembra importante."

Gianni (preoccupato): "Che succede, papà?"

Antonio (con voce rotta): "Tua madre... tua madre è stata portata in ospedale. Lei... non sta bene."

Salirono in macchina e il viaggio verso l'ospedale, sebbene breve, sembrò un'eternità. Ogni secondo era carico di angoscia. Giunti all'ospedale, corsero attraverso i corridoi e salirono le scale fino al reparto di terapia intensiva, stanza 11. Due dottori stavano uscendo dalla stanza, scuotendo il capo.

Un agente di polizia sedeva accanto a Marisol, il volto impassibile. Marisol giaceva sul letto, ricoperta di ematomi e attaccata a un respiratore. La vista della madre in quello stato scatenò il panico in Gianni.

Agente di polizia (rivolgendosi ad Antonio): "Lei è il marito? Possiamo fare due chiacchiere?"

Antonio (con un cenno): "Sì, certo."

Agente di polizia (guardando Gianni): "Ragazzo, tu puoi aspettare qui con la mamma."

Gianni (scuotendo il capo con determinazione): "No agente, resto con mio padre. Quella non è mia madre."

Il poliziotto lo guardò per un attimo, perplesso, ma non insistette. Uscirono dalla stanza, lasciando Marisol immobile e silenziosa nel letto, con le macchine che emettevano un costante bip.

Nel corridoio, il poliziotto estrasse un'agenda e iniziò a fare domande.
Agente di polizia (con tono fermo): "Mi può dire cosa è successo a sua moglie? Riporta evidenti segni di contusioni."

Antonio mantenne lo sguardo fisso.

Antonio (calmo): "Come dice mio figlio, non farei mai nulla se non per il bene della mia famiglia."

Il poliziotto si voltò verso Gianni.

Agente di polizia (guardando Gianni): "E tu, ragazzo? Vuoi aggiungere qualcosa?"

Gianni, con il cuore in tumulto, ricordò ogni singolo colpo inferto dal padre, ogni urlo soffocato di sua madre. Ma le parole di Antonio avevano scavato in lui un solco profondo, trasformando il dolore in una difesa contorta.

Gianni (con voce ferma, ma interiore

lacerato): "Mio padre è buono. Si prende cura della famiglia. Non farebbe mai nulla se non per il bene della famiglia."

Il poliziotto lo guardò in silenzio, leggendo negli occhi di Gianni la verità nascosta dietro quelle parole. Ma senza una confessione o una prova concreta, non poteva fare nulla. Sospirò, ripose l'agenda e guardò di nuovo Antonio.

Agente di polizia (rassegnato): "Bene, per ora è tutto. La sua testimonianza sarà registrata. Se la situazione cambia, le faremo sapere."

Antonio annuì, stringendo forte il braccio di Gianni mentre si avviavano verso l'uscita. Il poliziotto rimase lì, guardandoli andare via, consapevole che la verità era ancora nascosta dietro un muro di paura e menzogne.
Mentre si allontanavano, Gianni sentì un vuoto dentro di sé, una sensazione di impotenza che lo soffocava. Le parole di suo padre risuonavano nella sua mente,

trasformando il dolore in un veleno che si insinuava nelle sue vene.

Antonio (sussurrando, con tono minaccioso): "Ricorda sempre chi comanda, Gianni. Sempre."

Quella sera, quando tornarono a casa, Gianni si chiuse nella sua stanza. Ogni singolo istante passato a osservare la madre in quello stato gli aveva lasciato una cicatrice indelebile. Le parole del padre, il suo tono minaccioso, tutto contribuiva a costruire dentro di lui una spirale di dolore e confusione.

Mentre cercava di dormire, le immagini della madre malmenata e attaccata ai macchinari si sovrapponevano a quelle del padre che lo picchiava. Non riusciva a sfuggire a quel ciclo infernale. La sua mente era un campo di battaglia, una lotta costante tra il desiderio di ribellarsi e la paura paralizzante.

I giorni successivi trascorsero lenti, ogni ora un tormento. Antonio continuava a dimostrare la sua instabilità ogni giorno di più, alternando momenti di falsa gentilezza a esplosioni di violenza incontrollata. Gianni si aggrappava alla sua nuova determinazione, cercando di trovare una via d'uscita. Ma ogni volta che pensava di aver trovato una soluzione, il terrore del padre lo riportava al punto di partenza.

La sua unica consolazione era sapere che la madre stava ricevendo cure in ospedale, lontana dalla furia di Antonio. Ma anche quella flebile speranza era oscurata dalla consapevolezza che, una volta dimessa, sarebbe tornata all'inferno che chiamavano casa.

Gianni iniziò a isolarsi sempre di più, rifugiandosi nel lavoro alla ferramenta come unico baluardo contro il dolore. Mauro, pur non conoscendo i dettagli, intuiva che qualcosa di grave tormentava il ragazzo e cercava di offrirgli supporto come poteva.

Una settimana dopo, Antonio ricevette una telefonata inaspettata mentre era al lavoro. Era l'ospedale. La voce all'altro capo del filo era gentile ma ferma.

Infermiere (con tono professionale): "Buongiorno, la chiamo dal reparto di terapia intensiva, sua moglie è peggiorata drasticamente, le consiglio di venire a salutarla per l'ultima volta."

All'alba, i macchinari emanarono un suono continuo, un tono acuto che ruppe il silenzio della notte. Gianni guardò il volto di sua madre, ora immobile, e capì. Marisol se n'era andata, il suo corpo ormai libero dalla sofferenza.
Un'infermiera entrò nella stanza, confermando ciò che Gianni già sapeva.

Infermiera (con voce dolce): "Mi dispiace, ragazzo. Tua madre è in pace ora."

Il cuore di Gianni si spezzò, il dolore si trasformò in una rabbia sorda e fredda. La spirale di violenza e dolore che aveva cercato di spezzare ora lo avvolgeva completamente. Tornò a casa, il corpo e l'anima distrutti.

Antonio lo accolse con un ghigno, gli occhi pieni di una malvagità che Gianni non aveva mai notato prima.

Antonio (con voce glaciale): "Te l'avevo detto, Gianni. La famiglia è tutto. Ora siamo solo io e te."

Quella notte, Gianni comprese che il suo destino era segnato.

Quarant'anni dopo

Gianni si svegliò di soprassalto nella notte, gli incubi continuavano a tormentarlo. Sudato e con il cuore che batteva furiosamente, si alzò dal letto cercando di non fare rumore. Era ospite di sua zia in una vecchia casa di campagna, lontano dalla città e dai ricordi dolorosi.

Scese dal letto e si avviò verso la cucina, cercando di calmare la tempesta che infuriava dentro di lui. La casa era immersa nel silenzio della notte, interrotta solo dal cigolio delle assi di legno sotto i suoi piedi. Giunto in cucina, accese una sigaretta con mani tremanti, l'oscurità della stanza interrotta solo dal piccolo bagliore della fiamma. Inspirò profondamente, cercando di trovare conforto nel fumo, ma i ricordi erano troppo forti.

Aprì il frigorifero, la luce fredda illuminò il suo volto segnato dal tempo e dal dolore. Prese una lattina di birra, la aprì con un gesto deciso e iniziò a bere avidamente. Ogni sorso sembrava un tentativo disperato di annegare i demoni che lo perseguitavano. Ma una birra non bastava.

Tornò al frigorifero e tirò fuori tutte le birre, posizionandole sul tavolo. Una dopo l'altra, le aprì e le bevve, cercando conforto nell'alcol e nelle sigarette.

In quel momento, gettò l'occhio sullo specchio posizionato all'ingresso. Si sporse e cercò di specchiarsi, ma quello che vide non fu il suo volto stanco e invecchiato. Nel riflesso vedeva suo padre, l'uomo che aveva trasformato la sua infanzia in un incubo. Il volto di Antonio, con lo sguardo crudele e il ghigno malvagio, lo fissava dal vetro.

Un'ira incontrollabile lo avvolse, un furore che nasceva dalla consapevolezza di essere diventato ciò che aveva sempre odiato. Con un urlo soffocato dalla rabbia, lanciò una lattina di birra contro il muro. Il suono del metallo che si schiantava contro il muro e la birra che schizzava ovunque riempirono la stanza, un eco del caos interiore di Gianni.

Gianni (sussurrando con rabbia): "Non sarò mai come te..."

Le lacrime iniziarono a scendere lungo il

suo volto, mescolandosi alla rabbia e alla frustrazione. Cadde in ginocchio, il corpo scosso dai singhiozzi. Sentiva il peso della sua vita, della violenza che aveva inflitto e subito, gravare su di lui come un macigno.

Gianni (disperato): "Non posso continuare così..."

Le sue mani tremanti si appoggiarono al pavimento freddo, cercando un appiglio, un sostegno che sembrava sfuggirgli. Il pensiero di Marta e dei loro figli lo travolse. Sapeva di averli delusi, di averli feriti con il suo comportamento.

In quel momento, il suo cellulare squillò. Sul display apparve il nome di Marta. Con un nodo in gola, rispose.

Gianni (con voce tremante): "Pronto?"

La voce di Marta dall'altro lato era un filo sottile, pronto a spezzarsi.

Marta (con tono urgente e spezzato): "Gianni, è accaduto qualcosa... Kora..."

Gianni capì istantaneamente. Un'ondata di terrore e dolore lo travolse, annichilendo ogni altro pensiero. La rabbia, il dolore e la sofferenza si impadronirono di lui, esplodendo in un impulso irrazionale. Lanciò il telefono contro il muro, spezzandolo in mille pezzi. I frammenti si sparpagliarono sul pavimento, eco visibile della frantumazione del suo mondo interiore.

Si alzò, tremante, il respiro affannoso e irregolare. Sentiva il cuore battere furiosamente nel petto, il sangue ruggire nelle orecchie. Ogni fibra del suo essere urlava, chiedendo una via di fuga da quel dolore insopportabile.

Gianni (urlando al vuoto): "Perché? Perché a lei?"

Le lacrime scendevano copiose, solcando il viso come fiumi in piena. L'immagine di Kora, la sua bambina, che soffriva, era un colpo mortale per il suo cuore già provato. La disperazione lo avvolse come un mantello oscuro, soffocandolo.

Dopo un momento che sembrò durare un'eternità, Gianni si rese conto che doveva agire. Non poteva restare lì, paralizzato dal dolore. Doveva fare qualcosa, qualsiasi cosa, per cercare di alleviare quel dolore che sentiva. Gianni si diresse verso l'unico posto dove non si sentiva giudicato: il pub, aperto fino alle prime luci del mattino. Uscì nella fredda notte, il vento gelido che gli tagliava il viso come una lama affilata. La strada era deserta, illuminata solo dai deboli lampioni che proiettavano lunghe ombre spettrali. Camminava con passo incerto, le mani tremanti ancora odoranti di birra e tabacco.

I suoi pensieri erano un turbinio caotico di dolore e disperazione. Ogni passo sembrava un'impresa titanica, come se l'aria stessa lo trattenesse. Ma continuava a muoversi, spinto dalla necessità di fuggire dai demoni che lo inseguivano. Il cigolio delle sue scarpe sul marciapiede era l'unico suono che rompeva il silenzio notturno.

Le strade della città dormivano, le finestre delle case chiuse come occhi addormentati. Gianni passò davanti a edifici familiari, negozi con le serrande abbassate, vetrine vuote che riflettevano la sua figura curva e stanca. Il pub era ancora lontano, ma la promessa di alcol e oblìo lo spingeva avanti.

Dopo quello che sembrava un viaggio interminabile, Gianni vide finalmente l'insegna luminosa del pub. Le luci al neon brillavano come un faro nella notte, un richiamo irresistibile per le anime perdute. Spinse la porta e entrò, accolto dal caldo soffocante e dall'odore pungente di birra stantia e fumo di sigaretta.

Il locale era scarsamente popolato, solo pochi avventori solitari sparsi ai tavoli. Il barista lo salutò con un cenno del capo, riconoscendo in lui un cliente abituale. Gianni si avvicinò al bancone, si sedette su uno sgabello scricchiolante e ordinò una birra.

Barista (con tono neutro): "Una serata difficile, eh?"

Gianni annuì, prendendo la bottiglia che il barista gli porgeva. Bevve avidamente, lasciando che il liquido freddo scivolasse giù per la gola, tentando di spegnere l'incendio che bruciava dentro di lui. Ma una birra non bastava. Ordinò un'altra, poi un'altra ancora, cercando disperatamente di affogare il dolore e la colpa.

Le ore passarono, segnate solo dal tintinnio dei bicchieri e dal mormorio sommesso delle conversazioni. Gianni beveva senza sosta, ogni sorso un tentativo di dimenticare, ogni bottiglia vuota un promemoria del fallimento. Le immagini di Kora, Marta e Marco si alternavano nella sua mente, mischiandosi con i ricordi di Antonio e della sua infanzia tormentata.

Gianni (parlando a se stesso, con voce rotta): "Non posso continuare così... non posso..."

Il barista lo osservava con preoccupazione, ma non disse nulla. Sapeva che Gianni aveva bisogno di spazio, di tempo per affrontare i suoi demoni. Gianni continuava a bere, il mondo intorno a lui sfocato e distante. Le risate degli altri clienti gli sembravano lontane, come provenienti da un altro universo.

A un certo punto, Gianni si alzò barcollando, dirigendosi verso il bagno. Le gambe gli tremavano, ogni passo un'agonia. Si chiuse in una cabina, sedendosi sul coperchio del water, le mani che gli coprivano il volto. Sentiva il peso del mondo schiacciarlo, il dolore che lo soffocava.

Gianni (piangendo silenziosamente): "Perché? Perché a lei?"

Le lacrime scendevano copiose, mescolandosi al sudore e al fumo che impregnava i suoi vestiti. Era un uomo spezzato, perso in un mare di sofferenza. Rimase lì per quello che sembrò un'eternità, prima di rialzarsi e tornare al bancone.

La notte era ormai avanzata, il pub stava per chiudere. Il barista gli si avvicinò, posandogli una mano sulla spalla.

Barista (con tono gentile): "Ehi, amico. È ora di andare a casa."

Gianni annuì lentamente, sapendo che non aveva altra scelta. Si alzò, barcollando verso l'uscita. Il freddo della notte lo colpì come uno schiaffo, ma continuò a camminare, dirigendosi verso la casa della zia. Il viaggio di ritorno fu ancora più difficile, ogni passo una battaglia contro la stanchezza e la disperazione.

Quando finalmente giunse a destinazione, entrò in casa in punta di piedi, cercando di non svegliare nessuno. Si diresse in cucina, afferrò un bicchiere d'acqua e lo bevve lentamente, cercando di calmarsi. Poi, con passo pesante, salì le scale e si infilò nel letto.

Gianni passò la giornata a letto, il corpo pesante e la mente annebbiata dai troppi pensieri e dal dolore. La luce del sole filtrava debolmente attraverso le tende chiuse, creando un'atmosfera opprimente e soffocante nella stanza. La zia, preoccupata e impotente, cercava di convincerlo a parlare, a sfogarsi, ma ogni tentativo di comunicazione si scontrava contro un muro di urla e oggetti lanciati con rabbia.

Le suppliche della zia erano accolte da risposte cariche di rabbia e frustrazione. Gianni sembrava intrappolato in un vortice di disperazione da cui non riusciva a uscire. L'anziana donna, non sapendo più come gestire la situazione, decise di chiamare il figlio, sperando che potesse fare qualcosa per aiutare il nipote in crisi.

Dopo circa un'ora, il campanello suonò. La zia si affrettò ad aprire la porta, trovandosi di fronte a Massimo, il suo figlio maggiore.

Massimo (con preoccupazione): "Mamma, stai bene? Lui dov'è?"

Zia (con voce tremante): "Di sopra, in camera. Non so più cosa fare, Massimo. Sta impazzendo."

Massimo (deciso): "Va bene, ci penso io."

Massimo salì le scale con passo deciso, la rabbia crescente ad ogni gradino. Arrivato davanti alla porta della camera, bussò con forza.

Gianni (urlando dalla stanza): "Ti ho detto di non rompermi i coglioni zia!"

Quelle parole scatenarono una tempesta dentro Massimo. Senza pensarci due volte, aprì la porta con violenza e si lanciò su Gianni, afferrandolo e scaraventandolo giù dal letto. La stanza era un caos, oggetti sparsi ovunque, segno della furia incontrollata di Gianni.

Massimo (con rabbia incontrollabile): "Chi cazzo ti credi di essere per parlare così a mia madre?!"

Il primo pugno colpì Gianni in pieno volto, seguito immediatamente da un secondo. Gianni cercò di proteggersi, ma il dolore era insopportabile. Massimo lo fissava con uno sguardo pieno di disprezzo e rabbia.

Massimo (urlando): "Sei feccia, mia madre ti accoglie e tu la tratti così? Ringrazia che ti permetto di andartene con le tue gambe, ora prendi i tuoi stracci e Vattene!"

Gianni, dolorante, ferito e umiliato, si alzò lentamente. Ogni movimento era un'agonia, il volto pulsava per i colpi ricevuti. Si avvicinò al piccolo armadio, tirò fuori i pochi vestiti che aveva e li mise in un sacchetto di plastica. Con passi lenti e incerti, uscì dalla stanza, scendendo le scale sotto lo sguardo freddo di Massimo.

Arrivato alla porta, si fermò un attimo. La zia lo guardava con occhi pieni di tristezza e delusione. Gianni non trovava le parole per esprimere il suo rimorso.

Gianni (con voce rotta): "Mi dispiace, zia.

Non volevo..."

La zia non rispose, il dolore sul suo volto era evidente. Gianni uscì dalla casa, il sacchetto stretto nella mano, il corpo piegato sotto il peso della vergogna e del dolore. Ogni passo era un ricordo delle botte appena ricevute, un promemoria del suo fallimento.

Camminò senza una meta precisa, il cuore pesante e la mente annebbiata. Ogni angolo della città gli sembrava ostile, ogni volto un giudice silenzioso. Non sapeva dove andare, non sapeva cosa fare. La sensazione di essere perso, abbandonato, lo avvolse completamente.

Gianni continuava a camminare, senza meta, senza speranza. La notte calava lentamente, portando con sé un freddo pungente che penetrava le ossa. Si fermò davanti a un parco, sedendosi su una panchina. Le mani tremavano, il viso era segnato dai lividi e dalle lacrime.

Gianni (sussurrando a se stesso): "Non posso continuare così... devo fare qualcosa..."

Ma cosa? La domanda rimbombava nella sua mente, senza trovare risposta. La solitudine lo avvolgeva come un mantello pesante, soffocante. Sentiva il bisogno di parlare con qualcuno, di sfogarsi, ma non c'era nessuno lì per lui. Era solo, perso in un mondo che sembrava averlo abbandonato.

Le ore passavano lente, ogni minuto un'eternità. Gianni si alzò dalla panchina, riprendendo a camminare. Non sapeva dove lo avrebbero portato i suoi passi, ma continuava a muoversi, sperando di trovare una via d'uscita dal buio che lo avvolgeva.

Gianni, dopo aver vagato per ore, si ritrovò di nuovo davanti al pub. Quell'unico luogo che sembrava offrirgli un rifugio dalla sua tormentata esistenza. Aprì la porta con una mano tremante e si avvicinò al bancone, dove il barista lo accolse con uno sguardo preoccupato.

Barista (con tono gentile): "Ehi, Gianni. Come stai?"

Gianni si sedette pesantemente su uno sgabello e ordinò una birra. Con il passare dei minuti, l'alcol iniziò a sciogliere la sua lingua e, come un fiume in piena, cominciò a raccontare tutto. Raccontò delle notti passate a picchiare Marta, della rabbia che lo consumava e di come aveva abusato di lei. Parole cariche di dolore e rimorso scivolavano dalle sue labbra, rivelando un uomo spezzato e distrutto dai suoi stessi demoni.

Il barista lo ascoltava, il volto sempre più contratto dall'incredulità e dal disgusto. Non riusciva a credere che l'uomo che aveva di fronte fosse stato capace di tali atrocità. Quando Gianni finì di parlare, il barista lo guardò negli occhi, il disprezzo chiaramente visibile.

Barista (con voce ferma e decisa): "Non posso permetterti di restare qui dopo tutto quello che hai fatto. Devi andartene, Gianni. Subito."

Gianni, ormai ubriaco e stanco della propria esistenza, barcollò verso l'uscita, il cuore pesante e la mente annebbiata. Uscì dal pub e si diresse verso il parco, il luogo dove aveva trovato un po' di pace solo poche ore prima. Mentre camminava, i suoi occhi caddero su un annuncio funebre affisso a un muro, circondato da altri cari che avevano lasciato amici e familiari. Si fermò, fissandolo intensamente.

Gianni (leggendolo ad alta voce, con voce tremante): "Kora... il funerale è domani."

Quelle parole gli si spezzarono in gola, la realtà della morte di sua figlia lo colpì con la forza di un pugno. Le gambe gli cedettero e si ritrovò inginocchiato sul marciapiede, le lacrime scendendo copiose lungo il suo viso. Sentiva il peso del suo fallimento, la consapevolezza di aver distrutto la sua famiglia e di aver perso tutto ciò che amava.

Gianni (sussurrando tra le lacrime): "Kora, mia dolce Kora... cosa ho fatto?"

Il dolore era insopportabile, ogni respiro era un tormento. Si alzò faticosamente e continuò a camminare, dirigendosi verso il parco. Le luci dei lampioni proiettavano lunghe ombre sul suo cammino, rendendo la notte ancora più oscura e minacciosa. Arrivato al parco, trovò una panchina libera e si sedette, i pensieri che continuavano a tormentarlo. Le stelle sopra di lui sembravano lontane e indifferenti, testimoni silenziosi del suo dolore.

Gianni (pensando a se stesso): "Non posso continuare così... non posso vivere con questo peso..."

La stanchezza finalmente prese il sopravvento. Si sdraiò sulla panchina, il freddo del legno penetrava attraverso i suoi vestiti, ma il peso della sua disperazione era ancora più opprimente. Chiuse gli occhi, cercando di trovare un po' di sollievo nel sonno.

Mentre il buio lo avvolgeva, le immagini di Kora, Marta e Marco continuavano a perseguitarlo, mischiandosi con i ricordi di Antonio e della sua infanzia tormentata. Il sonno era agitato, frammentato da incubi e rimorsi, ma almeno per un momento, il dolore sembrava distante.

Le ore passavano lente, ogni minuto un'eternità. Gianni, disteso sulla panchina, cercava rifugio nei sogni.

Il mattino giunse, e con esso i primi raggi di

sole che svegliarono Gianni dal suo sonno inquieto sulla panchina del parco. Il corpo indolenzito, si alzò con fatica e si avviò verso un bar poco distante.

Gianni (entrando nel bar): "Una birra!"

Il barista, un uomo di mezza età con l'aria sospettosa, lo osservò per un istante prima di rispondere.

Barista (con tono guardingo): "Mi può pagare prima, sa vorrei evitare..."

Gianni si specchiò sul vetro del porta bottiglie dietro al bancone. Il riflesso che vide era quello di un uomo sporco, distrutto dai fallimenti, con gli occhi rossi e il viso segnato dalle notti insonni.

Gianni (scuotendo la testa): "Tenga."

Lanciò una banconota da cinque euro sul bancone con un gesto deciso. Il barista afferrò il denaro con avidità, lo mise in cassa e preparò il resto, insieme alla bottiglia di birra, che porse a Gianni.

Barista (con un cenno della testa): "Prego."

Gianni prese la bottiglia e si sedette a un tavolo d'angolo, osservando l'orologio appeso al muro. Il ticchettio delle lancette sembrava amplificare il silenzio del locale, mentre il tempo scorreva lentamente. Restò seduto per un paio d'ore, sorseggiando la birra e lasciando che i suoi pensieri si perdessero in un vortice di ricordi e rimpianti.

Quando vide l'ora, si alzò con un gesto deciso e uscì dal bar. Camminò per le strade deserte della mattina, i suoi passi risuonavano sull'asfalto come un eco lontano. Dopo alcuni minuti, giunse di fronte a una chiesa. Le porte erano aperte, e un silenzio reverenziale avvolgeva l'edificio.

Entrò a passo lento, sentendo i mormorii che si alzavano dal fondo della chiesa.

Oscar (sussurrando a Marta): "Marta, c'è Gianni."

Gianni si fermò al centro della navata, il suo sguardo confuso e la voce camuffata dall'alcol oscillavano tra l'incredulo e il quasi divertito.

Gianni (urlando): "È morta davvero?"

Il sacerdote interruppe la lettura e alcune persone si avvicinarono a Gianni, cercando di tenerlo calmo e chiedendogli di uscire. Ma Gianni, con un gesto brusco, si sedette su una panca in legno e urlò.

Gianni (con voce stridula): "È mia figlia, ho tutto il diritto di stare qua!"

Il prete si avvicinò, cercando di mantenere la calma.

Prete (con tono pacato): "La prego, rispetti questo momento di dolore. Ora non è il momento per..."

Gianni (interrompendo il prete con rabbia): "Che cosa hai da blaterare? Muoviti! Finisci sta cosa che voglio andarmene."

La tensione nell'aria era palpabile, mentre Gianni fissava il sacerdote con occhi colmi di sfida. Le persone intorno osservavano la scena con sguardi pieni di compassione e giudizio, mentre il prete cercava di riprendere la cerimonia, il cuore pesante per l'interruzione di quel momento sacro.

Il sacerdote, con un profondo sospiro, tornò all'altare, cercando di ritrovare il filo del discorso. Gianni, seduto nella panca, si sentiva estraneo, un intruso nel funerale della propria figlia. Le sue emozioni oscillavano tra il dolore, la rabbia e un profondo senso di colpa che non riusciva a placare.

Gianni (sussurrando tra sé e sé): "Kora... mi dispiace..."

Il funerale continuò, ma per Gianni, ogni parola del sacerdote sembrava lontana, un eco distante che non riusciva a raggiungerlo. La sua mente era persa nei ricordi di Kora, nei momenti che aveva perso, nelle occasioni mancate. E mentre la cerimonia si avviava alla conclusione, Gianni si alzò e uscì dalla chiesa, il cuore pesante e l'anima in frantumi.

Fuori, il sole splendeva, indifferente al dolore che si portava dentro.

La processione giunse al cimitero, dove l'aria era carica di un silenzio pesante, rotto solo dal suono delle campane e dallo scricchiolio dei passi sul terreno ghiaioso. L'auto funebre faceva da apripista al dolore e al silenzio, mentre i partecipanti la seguivano con il cuore appesantito dalla perdita. Il cielo grigio sembrava riflettere l'umore dei presenti, con nuvole scure che minacciavano pioggia.

Gianni, visibilmente alterato dall'ubriachezza e dalla rabbia, afferrò Marta con violenza, facendola quasi cadere a terra.

Gianni (urlando, con voce graffiante): "L'hai ammazzata alla fine? Ce l'hai fatta brutta, Troia!"

Le sue parole erano cariche di accusa e di un odio che sembrava non avere limiti. Marta, sorpresa e spaventata, cercò di mantenere l'equilibrio, il volto pallido e gli occhi pieni di lacrime.

Marco, vedendo la madre in pericolo, intervenne prontamente. Il giovane cuore batteva furiosamente mentre cercava di difendere Marta.

Marco (gridando, con voce ferma): "Basta, lasciala stare!"

Afferrò il braccio di Gianni e gli diede una spinta. Gianni si voltò furioso verso Marco, alzando minacciosamente la mano destra.

Gianni (urlando, con voce stridula): "Ragazzino, non ti permettere. Ne ho anche per te!"

Gli amici e i familiari si misero in mezzo, formando un cerchio protettivo intorno a Marta e Marco. Cercavano di difenderli dalla furia di Gianni, i volti tesi e gli occhi pieni di preoccupazione.
Gianni (gridando, puntando il dito contro Marta): "Ma certo, sono io il cattivo, vero? Non questa qui che non è nemmeno capace di badare ai suoi figli!"

Marco (urlando, con voce carica di rabbia e disperazione): "Vattene!"

L'impeto della rabbia prese il sopravvento su Marco. Afferrò un sasso dal terreno e lo lanciò con forza verso Gianni, colpendolo alla fronte e ferendolo. Il sangue iniziò a colare lungo il viso di Gianni, che si portò una mano alla ferita, sentendo il dolore e l'umiliazione bruciare.

Gianni (urlando, con voce carica di minacce): "Ti ammazzo! Hai capito? Ti ammazzo!"

Gli occhi di Gianni erano iniettati di sangue, pieni di una furia incontrollabile. Si allontanò barcollando, le parole di vendetta risuonando ancora nell'aria pesante. I presenti lo guardarono andare via, sapendo che la sua strada era segnata da un'oscurità profonda e inesorabile.

Gianni prese la strada verso un bar, dove sperava di affogare la sua rabbia nell'alcol. Il percorso era costeggiato da alberi spogli e panchine deserte, un paesaggio che rifletteva il vuoto e la desolazione che sentiva dentro di sé. Ogni passo era un martellante promemoria della sua perdita e della sua colpa.

Entrato nel bar, il rumore familiare delle chiacchiere e del tintinnio dei bicchieri non riusciva a placare il tumulto che sentiva dentro. Si sedette pesantemente su uno sgabello, ordinando una birra con una voce rauca e spezzata.

Barista (con sguardo interrogativo): "Tutto bene, amico?"

Gianni scosse la testa, incapace di trovare le parole. Prese la bottiglia e iniziò a bere, cercando disperatamente di trovare conforto tra le bollicine amare della birra. Il barista, intuendo il tormento dell'uomo, si allontanò in silenzio, lasciandolo ai suoi pensieri.

La notte calava lentamente, avvolgendo tutto in un manto scuro e silenzioso. Gianni continuava a bere, la mente annebbiata e il cuore appesantito da un dolore che sembrava non avere fine. Sapeva che questa era la fine di qualcosa, ma non riusciva a immaginare un nuovo inizio. La sua strada era segnata, e non riusciva a vedere una via d'uscita dall'oscurità che lo avvolgeva.

Mentre la notte avanzava, Gianni si ritrovò solo con i suoi demoni, in un bar che divenne il suo rifugio temporaneo.

Il pensiero di Kora, di Marta e di Marco lo perseguitava, ogni immagine un colpo al cuore.
Sapeva di aver perso tutto, e l'unica compagnia che gli rimaneva era il freddo bicchiere di birra e il buio della notte.

"Riccardo, non mi scappi! Sei morto!" urlò a pieni polmoni Marco. Riccardo correva come un pazzo, inseguito da Marco, mentre il giardino della casa di Oscar e Antonella si trasformava in un ring improvvisato. Le risate dei due ragazzi riempivano l'aria, mentre il sole del tardo pomeriggio gettava lunghe ombre sul prato ben curato.

"Ehi, ehi, ehi! Che state facendo voi due?" chiese Antonella con un tono di finta severità, mentre usciva dalla cucina con uno strofinaccio in mano.

"Nulla zia, tranquilla, ci stiamo solo inseguendo," rispose Marco, ansimando e ridendo allo stesso tempo.

Il telefono di Antonella suonò, interrompendo l'idillio. "Pronto!" rispose con la sua solita voce squillante, che fece scoppiare a ridere Marco, il quale iniziò a mimarla esagerando i movimenti, facendo ridere ancora di più Riccardo.

Il volto di Antonella però si fece sempre più serio mentre ascoltava la voce dall'altra parte del telefono. "Sì, certo, capisco... nessun disturbo, ti mando l'indirizzo su WhatsApp, a presto." Chiuse la chiamata e rimase immobile per qualche secondo, lo sguardo perso nei ricordi che affioravano improvvisamente.

"Zia, tutto bene?" chiese Marco, interrompendo il suo gioco e avvicinandosi a lei con un'espressione preoccupata.

"Antonella, si sente bene?" aggiunse Riccardo, avvicinandosi anche lui.

"Sì, sì ragazzi, tutto bene," rispose Antonella, forzando un sorriso mentre scuoteva leggermente la testa, come per scacciare i pensieri negativi.

Il giardino era ampio, con un prato verde e rigoglioso che sembrava non finire mai. A un angolo c'era un vecchio albero di ciliegio, sotto il quale una panca in legno offriva un posto tranquillo per sedersi e ammirare il panorama. Un piccolo stagno, popolato da pesci colorati e ninfee, rifletteva i raggi del sole, creando un gioco di luci e ombre. Intorno al giardino, una recinzione bianca delineava il confine della proprietà, mentre fiori variopinti aggiungevano un tocco di colore vibrante.

Oscar e Antonella avevano investito tempo e amore nella cura del loro giardino, trasformandolo in un'oasi di pace. Le piante rampicanti si arrampicavano su graticci di legno, e un pergolato coperto di viti offriva un angolo ombreggiato dove ripararsi dal sole. Le risate dei ragazzi risuonavano tra le piante, rendendo il giardino ancora più vivo.

Marta, Marco e Giovanni erano appena tornati a trovare Oscar e Antonella per passare l'ultima settimana di vacanze. La casa, con le sue mura bianche e le persiane azzurre, trasudava un'atmosfera di serenità e accoglienza. Era una vecchia costruzione, ma ben tenuta, con ampie finestre che lasciavano entrare la luce naturale, rendendo l'interno luminoso e caldo.

Il soggiorno era arredato con mobili in legno scuro, ricoperti di cuscini colorati. Sopra il caminetto, una grande foto di famiglia catturava un momento di felicità, mentre sulle mensole erano disposti vari oggetti di ricordo: conchiglie raccolte in vacanza, piccole sculture e foto di momenti speciali. La cucina, il cuore della casa, era spaziosa e accogliente, con un grande tavolo di legno al centro e una vetrata che dava sul giardino.

La casa risuonava di voci e risate, e il profumo di cibo appena preparato aleggiava nell'aria. Il calore umano e l'affetto palpabile facevano sentire tutti i presenti come parte di una grande famiglia.

Antonella, dopo essersi ripresa, tornò a

guardare Marco e Riccardo, che la osservavano preoccupati. "Davvero, tutto bene," ripeté, cercando di rassicurarli. "Sapete, è solo che mi sono ricordata di alcune cose... tutto qui."

I ragazzi annuirono, anche se non completamente convinti. Marco decise di cambiare argomento per alleggerire l'atmosfera. "Zia, oggi cosa prepariamo per cena?" chiese con un sorriso, cercando di riportare l'attenzione su qualcosa di positivo.

Antonella sorrise, grata per il cambiamento di argomento. "Pensavo a una bella grigliata in giardino. Che ne dite?"

"Fantastico!" esclamò Riccardo. "Posso aiutare con il barbecue?"

"Certo che puoi, Riccardo," rispose Antonella, tornando al suo solito tono allegro. "E tu, Marco, puoi aiutarmi a preparare le verdure."

"Con piacere, zia," rispose Marco, felice di vedere che Antonella sembrava essersi ripresa.

Mentre iniziavano a preparare tutto per la grigliata, Riccardo osservava il giardino. Le foglie degli alberi danzavano con il vento, creando un dolce fruscio. Il cielo si stava tingendo di sfumature di arancione e rosa mentre il sole calava lentamente.

Il tavolo da giardino era già stato apparecchiato con cura. Piatti di ceramica colorati, bicchieri di vetro e posate in acciaio lucido erano disposti con precisione. Al centro, un grande vassoio con antipasti freschi: bruschette, olive, formaggi e salumi.

Oscar, che stava finendo di sistemare il barbecue, si voltò verso i ragazzi con un sorriso. "Allora, tutto pronto per la grigliata?"

"Sì, siamo pronti!" rispose Marco, portando un piatto di verdure tagliate da grigliare.

Il sole continuava a calare, dipingendo il cielo di sfumature rosse e arancioni. Le risate e le voci allegre riempivano l'aria, mentre il profumo della carne sulla griglia si mescolava con quello dei fiori del giardino.
Capitolo 2: Un'Inattesa Rivelazione

Dopo cena, con la luce del crepuscolo che sfumava lentamente nel buio, Marco e Riccardo si avvicinarono a Oscar con una richiesta. "Possiamo andare in paese a farci un giro?" chiese Marco, gli occhi pieni di speranza.

Oscar li osservò con un sorriso complice. "Andate a lustrare gli occhi con qualche ragazza, eh?" disse, lanciando loro un'occhiata scherzosa.

Riccardo rise e rispose, "Non sono interessato alle ragazze."

Oscar, senza perdersi d'animo, rispose con un grande sorriso. "Allora qualche bel ragazzo!" Il tono era sempre giocoso, c'era una luce di comprensione nei suoi occhi.

Riccardo e Marco si guardarono per un istante, condividendo un momento di complicità. "Andiamo?" chiese Riccardo, con un tono che sembrava trasmettere più di una semplice domanda.

Marco rispose con un sorriso malizioso, "L'ultimo che arriva al cancello paga il gelato!"

Subito, i due ragazzi iniziarono a correre verso il cancello, le risate riempivano l'aria mentre i loro passi leggeri calpestavano il prato ben curato. Oscar li seguì con lo sguardo, il cuore leggero alla vista della loro giovinezza e spensieratezza.

Antonella, invece, era seduta su una panchina vicino al giardino, lo sguardo perso nel vuoto. Oscar si avvicinò a lei, preoccupato per la sua evidente malinconia. "Mi dici che succede o ti devo leggere il pensiero?" chiese, sedendosi accanto a lei.

Antonella inspirò ed espirò profondamente, cercando le parole giuste. "Mi ha chiamato Andrea," iniziò, la voce tremante. "Ha detto che doveva venire a Genova per lavoro e mi ha chiesto se poteva passare per un saluto. Non sono riuscita a dirgli di no."

Oscar la osservò attentamente, percependo il tumulto emotivo che sua moglie stava attraversando. "Era il ragazzo di Fabio," disse, con una comprensione profonda nel tono della voce. "Ovviamente non posso capire il tuo dolore, ma ti conosco e so che sei una donna forte. Non sei da sola, io sarò con te, affronteremo la cosa assieme, come sempre."

Antonella si abbandonò all'abbraccio di Oscar, le lacrime iniziarono a scendere sul suo viso. Era raro vederla così vulnerabile, ma in quel momento sembrava aver abbassato tutte le difese.

Il giardino, che prima era stato testimone di giochi e risate, ora sembrava avvolto da un silenzio solenne. Le piante, le luci soffuse e il cielo stellato facevano da cornice a un momento di profonda introspezione. Il vento leggero sussurrava tra le foglie, come a voler confortare Antonella nel suo dolore.

Oscar, mantenendo il suo abbraccio, sentiva le lacrime di Antonella bagnare la sua camicia. "Ricordo ancora la prima volta che mi parlasti di Andrea," disse Oscar, cercando di riempire il silenzio con parole di conforto. "Mi dicesti che sembravano così felici insieme, così innamorati. Andrea era sempre stato rispettoso e gentile. Era evidente quanto si amassero."

"Lo so," sussurrò Antonella, la voce spezzata. "È per questo che rivederlo mi riporta a quei giorni... e al dolore della perdita."

Oscar accarezzò dolcemente i capelli di Antonella. "Lo so, amore. Ma forse questo incontro può essere una forma di chiusura, un modo per onorare la memoria di Fabio."

Antonella alzò lo sguardo, trovando conforto negli occhi sinceri di Oscar. "Grazie," mormorò, appoggiando la testa sulla sua spalla. "Non so cosa farei senza di te."

Nel frattempo, Marco e Riccardo correvano verso il paese, il cuore leggero e la mente libera dai pensieri. Le strade erano tranquille, illuminate dai lampioni che gettavano un bagliore caldo sulla via. Il paese sembrava avvolto in un'atmosfera di pace, con pochi passanti e negozi chiusi.

Raggiunsero una gelateria e, senza fiato per la corsa, Marco annunciò: "Hai vinto tu, pago io il gelato!"

Riccardo sorrise, felice per il piccolo trionfo. "Due coni, per favore, il mio con mille gusti" disse scherzano alla gelataia. Si sedettero su una panchina fuori dalla gelateria, godendosi il fresco della sera e il sapore dolce del gelato.

"Grazie per essere mio amico, Riccardo," disse Marco improvvisamente, con una sincerità che colpì Riccardo.

"Di che parli?" rispose Riccardo, confuso ma toccato.

"Solo... grazie. Mi hai aiutato tanto," spiegò Marco, guardando il cono gelato come se contenesse tutte le risposte alle sue domande.

Riccardo gli sorrise, appoggiando una mano sulla spalla di Marco. "E io sono felice di essere tuo amico. Siamo una squadra, no?"

"Sì, una squadra," rispose Marco, sentendo un calore che gli riempiva il cuore.

Dopo aver finito il gelato, si incamminarono verso casa, chiacchierando e ridendo. Quando arrivarono davanti alla casa di Oscar e Antonella, Riccardo salutò Marco con un abbraccio. "A domani!".

"A domani," rispose Marco, sentendosi leggero e felice mentre guardava Riccardo allontanarsi nella notte.

Rientrato in casa, Marco trovò Oscar e Antonella seduti sul divano, avvolti in una conversazione tranquilla. "Tutto bene, zia?" chiese, notando la calma nei loro volti.

"Sì, tutto bene, caro," rispose Antonella con un sorriso sincero. "Sei già a casa? Siete stati velocissimi, dai vai a letto."

Marco annuì e salì in camera sua, il cuore colmo di gratitudine per la famiglia e gli amici che aveva. Si sdraiò sul letto, ripensando alla giornata, e si addormentò con un sorriso sul volto, sentendosi libero.Il mattino giunse, e i primi raggi del sole illuminavano le grandi scale della casa di Oscar e Antonella. Marco scese lentamente, stropicciandosi gli occhi ancora pieni di sonno. Giunto nel salotto, notò un ragazzo che non aveva mai visto prima. Alto e snello, con capelli scuri e occhi profondi, il giovane sembrava perso nei suoi pensieri.

"Ehm ciao!" salutò Marco, dubbioso su chi fosse l'ospite.

Il ragazzo si voltò verso Marco e gli sorrise, un sorriso triste ma sincero. "Ciao! Piacere, sono Andrea."

Marco gli rispose allungando la mano. "Piacere, Marco."

"Ah! Sei sceso," esclamò Antonella, uscendo dalla cucina con un vassoio su cui erano posati una moka e tre tazzine. Oscar era subito dietro di lei, con il solito tono scherzoso. "Ho portato i biscotti!" disse, agitando un barattolo di vetro.

"Marco, lui è Andrea. Ti ho parlato di lui, era..." La voce di Antonella si spezzò, un groppo in gola le impedì di concludere la frase.

"Ero il ragazzo di Fabio," continuò Andrea, una piccola lacrima scivolò sul suo volto, tradendo il dolore che ancora lo tormentava.

"Senti, Marco, perché non chiami Riccardo e gli chiedi se gli va di andare a fare il bagno?" intervenne Oscar, avvertendo il peso della situazione e cercando di alleggerire l'atmosfera.

"Va bene. Ciao, è stato un piacere conoscerti," rispose Marco, allontanandosi per lasciare spazio a una conversazione che sapeva essere delicata.

Andrea e Antonella rimasero seduti, il silenzio tra loro era carico di emozioni inespresse. Dopo un attimo, Antonella riuscì a parlare. "Andrea, mi dispiace tanto per tutto... Fabio ti amava così tanto."

"Lo so," rispose Andrea con un filo di voce. "Lo amavo anche io, più di ogni altra cosa."

Le lacrime iniziarono a scendere liberamente sul volto di Antonella. "Quella notte, non potrò mai dimenticarla. Ho sentito il suo dolore, ma non sono riuscita a salvarlo."

Andrea annuì, ricordando il dolore straziante di quella notte. "Fabio era così pieno di vita, ma suo padre... suo padre lo ha distrutto."

Antonella serrò i pugni, la rabbia e il dolore si mescolavano nei suoi occhi. "Suo padre è in qualche buco di letame ora. Non merita di essere menzionato."

Andrea inspirò profondamente, come per prepararsi a ciò che stava per dire. "C'è un altro motivo per cui sono qui." Si alzò e tirò fuori una lettera dalla tasca. "Quella notte, Fabio aveva scritto due lettere, una per te e una per me."

Antonella prese la lettera con mani tremanti. Oscar, vedendo la sua difficoltà, si avvicinò per sostenerla. Antonella aprì la lettera lentamente, come se ogni gesto fosse una sfida contro il dolore.

Cara Mamma, caro Andrea,
Non so come dirvi quanto mi dispiace per tutto quello che sto per fare. Non riesco più a sopportare il dolore, le botte, le parole di odio. Papà mi ha distrutto, ha ucciso ogni speranza che avevo. Ogni giorno che passa, sento il peso della sua crudeltà schiacciarmi sempre di più. Non posso più vivere così, non posso più sopportare di vedere la paura nei vostri occhi quando mi guardate.
Andrea, sei stato la luce della mia vita, l'unico motivo per cui ho resistito così a lungo. Mi dispiace tanto lasciarti, ma non posso continuare a vivere in questo inferno.

Voglio che tu sappia che ti amo con tutto il cuore e che porterò con me ogni singolo momento che abbiamo passato insieme.

Mamma, mi dispiace tanto per tutto il dolore che ti ho causato. So che hai fatto tutto il possibile per proteggermi, ma papà era troppo forte. Non voglio più vedere il tuo viso segnato dalla tristezza e dalla paura. Voglio che tu sia felice, anche senza di me.

Vi prego, perdonatemi. Non ho avuto altra scelta.

Con tutto il mio amore,
Fabio

Le lacrime scendevano copiosamente sul volto di Antonella mentre leggeva le parole di suo figlio. Andrea si avvicinò, le mani tremanti e gli occhi pieni di lacrime. "Era così disperato, Antonella. Mi dispiace tanto non aver potuto fare di più."

Oscar strinse Antonella a sé, cercando di confortarla. "Fabio era un ragazzo meraviglioso. Non merita di essere ricordato solo per il suo dolore. Merita di essere ricordato per l'amore che ha dato e ricevuto."

L'aria nella stanza era densa di dolore e rimpianto. Antonella, con la lettera stretta al petto, guardava il cielo oltre la finestra, cercando di trovare un po' di pace nel ricordo di suo figlio.

Oscar, mantenendo il suo abbraccio, sussurrò: "Siamo qui per te, Antonella. Non sei sola. Io sarò al tuo fianco."

Andrea, con gli occhi pieni di lacrime, annuì. "Fabio sarà sempre con noi, nei nostri cuori."

"Ora io devo andare, il lavoro mi aspetta. Antonella, prometti che ci sentiremo più spesso," disse Andrea, la voce carica di emozioni contrastanti.

Antonella si avvicinò a lui e lo abbracciò con tutta la forza che aveva, sentendo il calore e la sincerità di quel gesto. "Certo," rispose con un filo di voce, cercando di trattenere le lacrime.

Si avvicinarono alla porta, e Oscar tese la mano ad Andrea. "È stato un piacere, davvero. Spero di rivederti presto."

"Anche per me. Buona giornata ad entrambi," rispose Andrea, forzando un sorriso.

Antonella chiuse la porta e subito dopo scoppiò a piangere, le spalle scosse dai singhiozzi. Oscar la abbracciò, stringendola forte. "Andrà tutto bene," le sussurrò, cercando di infonderle forza con il suo abbraccio.

Nel silenzio della casa, solo i loro respiri e il suono dei singhiozzi di Antonella riempivano l'aria. Oscar le accarezzò i capelli, cercando di calmarla, mentre lei si aggrappava a lui come se fosse l'unico appiglio in un mare di dolore.

"Siamo qui insieme, Antonella. Non sei sola," continuò Oscar, la voce ferma ma gentile. "Ce la faremo, un passo alla volta."

Antonella annuì, cercando di trovare conforto nelle parole di suo marito. "Lo so, Oscar. Lo so. Ma è così difficile. Fabio... mi manca così tanto."

"Lo so, amore mio. Ma dobbiamo essere forti, per lui e per noi stessi. Dobbiamo andare avanti," rispose Oscar, stringendola ancora più forte.

Si sedettero sul divano, ancora abbracciati, cercando di trovare un po' di pace nel dolore condiviso. Le parole di Andrea riecheggiavano nelle loro menti, un misto di tristezza e speranza. Fabio non c'era più, ma il suo ricordo viveva nei loro cuori, e insieme avrebbero trovato la forza di andare avanti.